화엄경 제49권(보현행품 36) 해설

제49권 보현행품에서는 보현보살이 부처님의 출흥에 대하여 설한다.

“중생들이 무지·作惡·아집·我所·身顚倒·疑邪見 등으로 생사의 바다에 타락한 까닭에 출흥하신 것이고, 다른데 뜻이 있는 것이 아니다.” (pp.1~2)

그리고 보살이 한번 화를 내면 백만 가지 장애가 생긴다는 것(pp.3~12)과 보살이 닦아야 할 10종법(pp.13~14), 거기에 안주하여 구족하여야

10종 청정법 (pp.14~15)
10종 대광대지 (pp.16~17)
10종 보입법 (pp.18 ~19)
10종 승묘심 (pp.20~21)
10종 불법선교지 (pp.22~23)하여

발심공경하니 시방세계가 똑같이 감동하여 10천억 부처님을 받들고 깨달음을 얻는다(pp.24~30) 찬송하였다.

“汝等應歡喜 ~ 邊際不可得”

普賢行品 第三十六 (보현행품 제삼십육)

爾時普賢菩薩摩訶薩復 (이시보현보살마하살부)

告諸菩薩大衆言佛子如向 (고제보살대중언불자여향)

所演此但隨衆生根器所宜 (소연차단수중생근기소의)

略說如來少分境界何以故 (약설여래소분경계하이고)

諸佛世尊爲諸衆生無智作 (제불세존위제중생무지작)

惡計我我所執着於身顚倒 (악계아아소집착어신전도)

疑(의)惑(혹)邪(사)見(견)分(분)別(별)與(여)輿(여)諸(제)結(결)縛(박)
恒(항)共(공)相(상)應(응)隨(수)生(생)死(사)流(류)遠(원)如(여)來(래)
道(도)故(고)出(출)興(흥)于(우)世(세)

佛(불)子(자)我(아)不(불)見(견)一(일)法(법)爲(위)大(대)過(과)
失(실)如(여)諸(제)菩(보)薩(살)於(어)他(타)菩(보)薩(살)起(기)瞋(진)
心(심)者(자)何(하)以(이)故(고)佛(불)子(자)若(약)諸(제)菩(보)薩(살)
於(어)餘(여)菩(보)薩(살)起(기)瞋(진)恚(에)心(심)卽(즉)成(성)就(취)

百萬障門故何等爲百萬障
백만장문고하등위백만장

所謂不見菩提障不聞正法
소위불견보리장불문정법

障生不淨世界障生諸惡趣
장생부정세계장생제악취

障生諸難處障多諸疾病障
장생제난처장다제질병장

多被謗毁障生頑鈍諸趣障
다피방훼장생완둔제취장

壞失正念障闕少智慧障眼
괴실정념장궐소지혜장안

障耳障鼻障舌障身障意障
장이장비장설장신장의장

下 하	善 선	障 장	住 주	威 위	乘 승	惡 악
劣 렬	根 근	離 이	障 장	德 덕	障 장	知 지
處 처	留 류	佛 불	生 생	人 인	樂 낙	識 식
障 장	難 난	正 정	外 외	障 장	近 근	障 장
生 생	障 장	教 교	道 도	樂 낙	凡 범	惡 악
邊 변	增 증	障 장	家 가	與 여	庸 용	伴 반
地 지	不 불	不 불	障 장	離 리	障 장	黨 당
障 장	善 선	見 견	住 주	正 정	不 불	障 장
生 생	法 법	善 선	魔 마	見 견	信 신	樂 낙
惡 악	障 장	友 우	境 경	人 인	樂 락	習 습
人 인	得 득	障 장	界 계	同 동	大 대	小 소

憂 우	樂 락	習 습	伽 가	迦 가	夜 야	家 가
惱 뇌	大 대	童 동	惡 악	樓 루	叉 차	障 장
障 장	乘 승	蒙 몽	羅 라	羅 라	惡 악	生 생
愛 애	障 장	法 법	刹 찰	惡 악	乾 건	惡 악
着 착	性 성	障 장	中 중	緊 긴	闥 달	神 신
生 생	多 다	樂 낙	障 장	那 나	婆 바	中 중
死 사	驚 경	着 착	不 불	羅 라	惡 악	障 장
障 장	怖 포	小 소	樂 락	惡 악	阿 아	生 생
不 부	障 장	乘 승	佛 불	摩 마	修 수	惡 악
專 전	心 심	障 장	法 법	睺 후	羅 라	龍 룡
佛 불	常 상	不 불	障 장	羅 라	惡 악	惡 악

福 복	能 능	智 지	不 불	薩 살	障 장	法 법
障 장	淨 정	心 심	生 생	淨 정	不 부	障 장
智 지	治 치	障 장	菩 보	行 행	得 득	不 불
力 력	諸 제	於 어	薩 살	障 장	菩 보	喜 희
不 불	業 업	菩 보	大 대	退 퇴	薩 살	見 견
能 능	障 장	薩 살	願 원	怯 겁	諸 제	聞 문
明 명	不 불	行 행	障 장	菩 보	根 근	佛 불
利 리	能 능	懈 해	不 불	薩 살	障 장	自 자
障 장	攝 섭	怠 태	發 발	深 심	不 불	在 재
斷 단	取 취	障 장	一 일	心 심	行 행	神 신
於 어	大 대	不 불	切 체	障 장	菩 보	通 통

廣(광)大(대)智(지)慧(혜)障(장)不(불)護(호)持(지)菩(보)薩(살)諸(제)
行(행)障(장)樂(낙)誹(비)謗(방)一(일)切(체)智(지)語(어)障(장)遠(원)
離(리)諸(제)佛(불)菩(보)提(리)障(장)樂(낙)住(주)衆(중)魔(마)境(경)
界(계)障(장)不(부)專(전)修(수)佛(불)境(경)界(계)障(장)不(불)決(결)
定(정)發(발)菩(보)薩(살)弘(홍)誓(서)障(장)不(불)樂(락)與(여)菩(보)
薩(살)同(동)住(주)障(장)不(불)求(구)菩(보)薩(살)善(선)根(근)障(장)
性(성)多(다)見(견)疑(의)障(장)心(심)常(상)愚(우)闇(암)障(장)不(불)

能行菩薩平等施故起不捨
능행보살평등시고기불사

障不能持如來戒故起破戒
장불능지여래계고기파계

障不能入堪忍門故起愚癡
장불능입감인문고기우치

惱害瞋恚障不能行菩薩大
뇌해진에장불능행보살대

精進故起懈怠垢障不能得
정진고기해태구장불능득

諸三昧故起散亂障不修治
제삼매고기산란장불수치

般若波羅蜜故起惡慧障於
반야바라밀고기악혜장어

處非處中無善巧障於度衆
처비처중무선교장어도중

生中無方便障於菩薩智慧
생중무방편장어보살지혜

中不能觀察障於菩薩出離
중불능관찰장어보살출리

法中不能了知障不成就菩
법중불능료지장불성취보

薩十種廣大眼故眼如生盲
살십종광대안고안여생맹

障耳不聞無礙法故口如瘂
장이불문무애법고구여아

羊障不具相好故鼻根破壞
양장불구상호고비근파괴

成 성	就 취	身 신	根 근	身 신	就 취	障 장
就 취	語 어	業 업	障 장	根 근	舌 설	不 불
意 의	業 업	障 장	不 부	障 장	根 근	能 능
業 업	障 장	恒 항	持 지	心 심	障 장	辯 변
障 장	多 다	起 기	三 삼	多 다	輕 경	了 료
賊 적	生 생	四 사	種 종	狂 광	賤 천	衆 중
心 심	貪 탐	種 종	律 률	亂 란	衆 중	生 생
求 구	瞋 진	過 과	儀 의	故 고	生 생	語 어
法 법	邪 사	失 실	故 고	成 성	故 고	言 언
障 장	見 견	故 고	成 성	就 취	成 성	故 고
斷 단	故 고	成 성	就 취	意 의	就 취	成 성

絶菩薩境界障於菩薩勇猛
절보살경계장어보살용맹

法中心生退怯障於菩薩出
법중심생퇴겁장어보살출

離道中心生懶惰障於菩薩
리도중심생라타장어보살

智慧光明門中心生止息障
지혜광명문중심생지식장

於菩薩念力中心生劣弱障
어보살념력중심생렬약장

於如來教法中不能住持障
어여래교법중불능주지장

於菩薩離生道不能親近障
어보살리생도불능친근장

於菩薩無失壞道不能修習
어보살무실괴도불능수습

障隨順二乘正位障遠離三
장수순이승정위장원리삼

世諸佛菩薩種性障
세제불보살종성장

佛子若菩薩於諸菩薩起
불자약보살어제보살기

一瞋心則成就如是等百萬
일진심즉성취여시등백만

障門何以故佛子我不見有
장문하이고불자아불견유

一法爲大過惡如諸菩薩於
일법위대과오여제보살어

餘(여)菩(보)薩(살)起(기)瞋(진)心(심)者(자)是(시)故(고)諸(제)菩(보)
薩(살)摩(마)訶(하)薩(살)欲(욕)疾(질)滿(만)足(족)諸(제)菩(보)薩(살)
行(행)應(응)勤(근)修(수)十(십)種(종)法(법)何(하)等(등)爲(위)十(십)
所(소)謂(위)心(심)不(불)棄(기)捨(사)一(일)切(체)衆(중)生(생)於(어)
諸(제)菩(보)薩(살)生(생)如(여)來(래)想(상)永(영)不(불)誹(비)謗(방)
一(일)切(체)佛(불)法(법)知(지)諸(제)國(국)土(토)無(무)有(유)窮(궁)
盡(진)於(어)菩(보)薩(살)深(심)行(행)信(신)樂(락)不(불)捨(사)

平(평)等(등)虛(허)空(공)法(법)界(계)菩(보)提(리)之(지)心(심)觀(관)

察(찰)菩(보)提(리)入(입)如(여)來(래)力(력)精(정)勤(근)修(수)習(습)

無(무)礙(애)辯(변)才(재)敎(교)化(화)衆(중)生(생)無(무)有(유)疲(피)

厭(염)住(주)一(일)切(체)世(세)界(계)心(심)無(무)所(소)着(착)是(시)

爲(위)十(십)

佛(불)子(자)菩(보)薩(살)摩(마)訶(하)薩(살)安(안)住(주)此(차)

十(십)法(법)已(이)則(즉)能(능)具(구)足(족)十(십)種(종)淸(청)淨(정)

何(하)等(등)爲(위)十(십)所(소)謂(위)通(통)達(달)甚(심)深(심)法(법)
清(청)淨(정)親(친)近(근)善(선)知(지)識(식)清(청)淨(정)護(호)持(지)
諸(제)佛(불)法(법)清(청)淨(정)了(요)達(달)虛(허)空(공)界(계)清(청)
淨(정)深(심)入(입)法(법)界(계)清(청)淨(정)觀(관)察(찰)無(무)邊(변)
心(심)清(청)淨(정)與(여)一(일)切(체)菩(보)薩(살)同(동)善(선)根(근)
清(청)淨(정)不(불)着(착)諸(제)劫(겁)清(청)淨(정)觀(관)察(찰)三(삼)
世(세)清(청)淨(정)修(수)行(행)一(일)切(체)諸(제)佛(불)法(법)清(청)

사경의 공덕은 십만억 부처님께 공양한 것과 같은 공덕이 있습니다.

淨(정)是(시)爲(위)十(십)

佛(불)子(자)菩(보)薩(살)摩(마)訶(가)薩(살)住(주)此(차)十(십)

法(법)已(이)則(즉)具(구)足(족)十(십)種(종)廣(광)大(대)智(지)何(하)

等(등)爲(위)十(십)所(소)謂(위)知(지)一(일)切(체)衆(중)生(생)心(심)

行(행)智(지)知(지)一(일)切(체)衆(중)生(생)業(업)報(보)智(지)知(지)

一(일)切(체)佛(불)法(법)智(지)知(지)一(일)切(체)佛(불)法(법)深(심)

密(밀)理(리)趣(취)智(지)知(지)一(일)切(체)陀(다)羅(라)尼(니)門(문)

智知一切文字辯才智知一
지지일체문자변재지지일

切衆生語言音聲辭辯善巧
체중생어언음성사변선교

智於一切世界中普現其身
지어일체세계중보현기신

智於一切衆會中普現影像
지어일체중회중보현영상

智於一切受生處中具一切
지어일체수생처중구일체

智智是爲十
지지시위십

佛子菩薩摩訶薩住此十
불자보살마하살주차십

一 일	念 념	衆 중	衆 중	道 도	爲 위	智 지
法 법	入 입	生 생	生 생	一 일	十 십	已 이
一 일	不 불	身 신	身 신	毛 모	所 소	則 즉
法 법	可 가	不 불	入 입	道 도	謂 위	得 득
入 입	說 설	可 가	一 일	入 입	一 일	入 입
一 일	劫 겁	說 설	身 신	一 일	切 체	十 십
切 체	一 일	劫 겁	一 일	切 체	世 세	種 종
佛 불	切 체	入 입	身 신	世 세	界 계	普 보
法 법	佛 불	一 일	入 입	界 계	入 입	入 입
不 불	法 법	念 념	一 일	一 일	一 일	何 하
可 가	入 입	一 일	切 체	切 체	毛 모	等 등

一 일	一 일	一 일	根 근	不 불	處 처	說 설
切 체	言 언	想 상	入 입	可 가	不 불	處 처
三 삼	音 음	入 입	一 일	說 설	可 가	入 입
世 세	一 일	一 일	切 체	根 근	說 설	一 일
入 입	言 언	切 체	根 근	一 일	根 근	處 처
一 일	音 음	想 상	一 일	切 체	入 입	一 일
世 세	入 입	一 일	切 체	根 근	一 일	處 처
一 일	一 일	切 체	想 상	入 입	根 근	入 입
世 세	切 체	言 언	入 입	非 비	一 일	不 불
入 입	言 언	音 음	一 일	根 근	根 근	可 가
一 일	音 음	入 입	想 상	非 비	入 입	說 설

切(체)三(삼)世(세)是(시)爲(위)十(십)
佛(불)子(자)菩(보)薩(살)摩(마)訶(하)薩(살)如(여)是(시)觀(관)
察(찰)已(이)則(즉)住(주)十(십)種(종)勝(승)妙(묘)心(심)何(하)等(등)
爲(위)十(십)所(소)謂(위)住(주)一(일)切(체)世(세)界(계)語(어)言(언)
非(비)語(어)言(언)勝(승)妙(묘)心(심)住(주)一(일)切(체)衆(중)生(생)
想(상)念(념)無(무)所(소)依(의)止(지)勝(승)妙(묘)心(심)住(주)究(구)
竟(경)虛(허)空(공)界(계)勝(승)妙(묘)心(심)住(주)無(무)邊(변)法(법)

爲 위	住 주	心 심	心 심	妙 묘	勝 승	界 계
是 시	一 일	住 주	住 주	心 심	妙 묘	勝 승
十 십	切 체	三 삼	一 일	住 주	心 심	妙 묘
	諸 제	世 세	切 체	除 제	住 주	心 심
	佛 불	諸 제	世 세	滅 멸	甚 심	住 주
	力 력	佛 불	平 평	一 일	深 심	一 일
	無 무	平 평	等 등	切 체	無 무	切 체
	量 량	等 등	差 차	疑 의	差 차	深 심
	勝 승	勝 승	別 별	惑 혹	別 별	密 밀
	妙 묘	妙 묘	勝 승	勝 승	法 법	佛 불
	心 심	心 심	妙 묘	妙 묘	勝 승	法 법

佛(불)子(자)菩(보)薩(살)摩(마)訶(하)薩(살)住(주)此(차)十(십)
種(종)勝(승)妙(묘)心(심)已(이)則(즉)得(득)十(십)種(종)佛(불)法(법)
善(선)巧(교)智(지)何(하)等(등)爲(위)十(십)所(소)謂(위)了(료)達(달)
甚(심)深(심)佛(불)法(법)善(선)巧(교)智(지)出(출)生(생)廣(광)大(대)
佛(불)法(법)善(선)巧(교)智(지)宣(선)說(설)種(종)種(종)佛(불)法(법)
善(선)巧(교)智(지)證(증)入(입)平(평)等(등)佛(불)法(법)善(선)巧(교)
智(지)明(명)了(료)差(차)別(별)佛(불)法(법)善(선)巧(교)智(지)悟(오)

解無差別佛法善巧智深入 (해무차별불법선교지심입)
莊嚴佛法善巧智一方便入 (장엄불법선교지일방편입)
佛法善巧智無量方便入佛 (불법선교지무량방편입불)
法善巧智知無邊佛法無差 (법선교지지무변불법무차)
別善巧智以自心自力於一 (별선교지이자심자력어일)
切佛法不退轉善巧智是爲 (체불법불퇴전선교지시위)
十 (십)

佛子菩薩摩訶薩聞此法
불자보살마하살문차법

已咸應發心恭敬受持何以
이함응발심공경수지하이

故菩薩摩訶薩持此法者少
고보살마하살지차법자소

作功力疾得阿耨多羅三藐
작공역질득아녹다라삼약

三菩提皆得具足一切佛法
삼보리개득구족일체불법

悉與三世諸佛法等爾時佛
실여삼세제불법등이시불

神力故法如是故十方各有
신력고법여시고시방각유

十(십)不(불)可(가)說(설)百(백)千(천)億(억)那(나)由(유)他(타)佛(불)
刹(찰)微(미)塵(진)數(수)世(세)界(계)六(육)種(종)震(진)動(동)雨(우)
出(출)過(과)諸(제)天(천)一(일)切(체)華(화)雲(운)香(향)雲(운)末(말)
香(향)雲(운)衣(의)蓋(개)幢(당)幡(번)摩(마)尼(니)寶(보)等(등)及(급)
以(이)一(일)切(체)莊(장)嚴(엄)具(구)雲(운)雨(우)衆(중)伎(기)樂(악)
雲(운)雨(우)諸(제)菩(보)薩(살)雲(운)雨(우)不(불)可(가)說(설)如(여)
來(래)色(색)相(상)雲(운)雨(우)不(불)可(가)說(설)讚(찬)歎(탄)如(여)

菩 보	界 계	不 불	雲 운	世 세	一 일	來 래
薩 살	四 사	可 가	雨 우	界 계	切 체	善 선
宮 궁	天 천	說 설	不 불	雲 운	法 법	哉 재
殿 전	下 하	神 신	可 가	雨 우	界 계	雲 운
中 중	菩 보	力 력	說 설	不 불	雲 운	雨 우
見 견	提 리	說 설	光 광	可 가	雨 우	如 여
於 어	樹 수	法 법	明 명	說 설	不 불	來 래
如 여	下 하	雲 운	照 조	增 증	可 가	音 음
來 래	菩 보	如 여	耀 요	長 장	說 설	聲 성
成 성	提 리	此 차	雲 운	菩 보	莊 장	充 충
等 등	場 장	世 세	雨 우	提 리	嚴 엄	滿 만

正覺演說此法十方一切諸 (정각연설차법시방일체제)
世界中悉亦如是 (세계중실역여시)
爾時佛神力故法如是故 (이시불신력고법여시고)
十方各過十不可說佛剎微 (시방각과십불가설불찰미)
塵數世界外有十佛剎微塵 (진수세계외유십불찰미진)
數菩薩摩訶薩來詣此土充 (수보살마하살내예차토충)
滿十方作如是言善哉善哉 (만시방작여시언선재선재)

說 설	演 연	土 토	界 계	一 일	大 대	佛 불
一 일	說 설	悉 실	普 보	切 체	誓 서	子 자
切 체	此 차	以 이	幢 당	同 동	願 원	乃 내
平 평	法 법	佛 불	自 자	名 명	授 수	能 능
等 등	如 여	神 신	在 재	普 보	記 기	說 설
無 무	此 차	力 력	如 여	賢 현	深 심	此 차
有 유	眾 중	故 고	來 래	各 각	法 법	諸 제
增 증	會 회	於 어	所 소	從 종	佛 불	佛 불
減 감	如 여	一 일	來 내	普 보	子 자	如 여
我 아	是 시	切 체	詣 예	勝 승	我 아	來 래
等 등	所 소	處 처	此 차	世 세	等 등	最 최

皆(개) 承(승) 佛(불) 威(위) 神(신) 力(력) 來(내) 此(차) 道(도) 場(량) 爲(위)

汝(여) 作(작) 證(증) 如(여) 此(차) 道(도) 場(량) 我(아) 等(등) 十(십) 佛(불)

刹(찰) 微(미) 塵(진) 數(수) 菩(보) 薩(살) 而(이) 來(래) 作(작) 證(증) 十(시)

方(방) 一(일) 切(체) 諸(제) 世(세) 界(계) 中(중) 悉(실) 亦(역) 如(여) 是(시)

爾(이) 時(시) 普(보) 賢(현) 菩(보) 薩(살) 摩(마) 訶(하) 薩(살) 以(이) 佛(불)

神(신) 力(력) 自(자) 善(선) 根(근) 力(력) 觀(관) 察(찰) 十(시) 方(방) 洎(계)

乎(호) 法(법) 界(계) 欲(욕) 開(개) 示(시) 菩(보) 薩(살) 行(행) 欲(욕) 宣(선)

說如來菩提界界欲說大願界
설여래보리계계욕설대원계

欲說一切世界劫數欲明諸
욕설일체세계겁수욕명제

佛隨時出現欲說如來隨根
불수시출현욕설여래수근

熟衆生出現令其供養欲明
숙중생출현령기공양욕명

如來出世功不唐捐所
여래출세공불당연소

種善根必獲果報欲明大威
종선근필획과보욕명대위

德菩薩爲一切衆生現形說
덕보살위일체중생현형설

法(법) 令(령) 其(기) 開(개) 悟(오) 而(이) 說(설) 頌(송) 言(언)

汝(여) 等(등) 應(응) 歡(환) 喜(희)
捨(사) 離(리) 於(어) 諸(제) 蓋(개)

一(일) 心(심) 恭(공) 敬(경) 聽(청)
菩(보) 薩(살) 諸(제) 願(원) 行(행)

往(왕) 昔(석) 諸(제) 菩(보) 薩(살)
最(최) 勝(승) 人(인) 師(사) 子(자)

如(여) 彼(피) 所(소) 修(수) 行(행)
我(아) 當(당) 次(차) 第(제) 說(설)

亦(역) 說(설) 諸(제) 劫(겁) 數(수)
世(세) 界(계) 幷(병) 諸(제) 業(업)

及(급) 以(이) 無(무) 等(등) 尊(존)
於(어) 彼(피) 而(이) 出(출) 興(흥)

如是過去佛 여시과거불
云何爲衆生 운하위중생
一切論師子 일체론사자
得佛平等法 득불평등법
見於過去世 견어과거세
放大光明網 방대광명망
思惟發是願 사유발시원

大願出于世 대원출우세
滅除諸苦惱 멸제제고뇌
所行相續滿 소행상속만
一切智境界 일체지경계
一切人師子 일체인사자
普照十方界 보조시방계
我當作世燈 아당작세등

具足佛功德 (구족불공덕)
一切諸衆生 (일체제중생)
我當悉救脫 (아당실구탈)
發如是誓願 (발여시서원)
具修菩薩行 (구수보살행)
如是誓願已 (여시서원이)
所作皆不虛 (소작개불허)

十力一切智 (십력일체지)
貪恚癡熾然 (탐에치치연)
令滅惡道苦 (영멸악도고)
堅固不退轉 (견고불퇴전)
獲十無礙力 (획십무애력)
修行無退怯 (수행무퇴겁)
說名論師子 (설명론사자)

於一賢劫中 어일현겁중
彼所有普眼 피소유보안
如一賢劫中 여일현겁중
彼未來佛行 피미래불행
如一佛刹種 여일불찰종
未來十力尊 미래십력존
諸佛次興世 제불차흥세

千佛出于世 천불출우세
我當次第說 아당차제설
無量劫亦然 무량겁역연
我當分別說 아당분별설
無量刹亦然 무양찰역연
諸行我今說 제행아금설
隨願隨名號 수원수명호

上 상	隨 수	演 연	隨 수	隨 수	隨 수	隨 수
中 중	諸 제	說 설	所 소	所 소	所 소	彼 피
下 하	衆 중	時 시	淨 정	化 화	修 수	所 소
不 부	生 생	非 비	佛 불	衆 중	正 정	得 득
同 동	業 업	時 시	刹 찰	生 생	法 법	記 기
化 화	所 소	次 차	衆 중	正 정	專 전	隨 수
彼 피	行 행	第 제	生 생	法 법	求 구	其 기
令 영	及 급	淨 정	及 급	住 주	無 무	所 소
修 수	信 신	群 군	法 법	於 어	礙 애	壽 수
習 습	解 해	生 생	輪 륜	世 세	道 도	命 명

사경의 공덕은 십만억 부처님께 공양한 것과 같은 공덕이 있습니다.

入於如是智 (입어여시지)
常作普賢業 (상작보현업)
身業無障礙 (신업무장애)
意行亦如是 (의행역여시)
菩薩如是行 (보살여시행)
出生淨智日 (출생정지일)
未來世諸劫 (미래세제겁)

修其最勝行 (수기최승행)
廣度諸衆生 (광도제중생)
語業悉淸淨 (어업실청정)
三世靡不然 (삼세미불연)
究竟普賢道 (구경보현도)
普照於法界 (보조어법계)
國土不可說 (국토불가설)

一念悉了知 (일념실료지)
行者能趣入 (행자능취입)
此諸菩薩法 (차제보살법)
智慧無邊際 (지혜무변제)
一切皆善入 (일체개선입)
具足普賢慧 (구족보현혜)
入於無等智 (입어무등지)

於彼無分別 (어피무분별)
如是最勝地 (여시최승지)
我當說少分 (아당설소분)
通達佛境界 (통달불경계)
所行不退轉 (소행불퇴전)
成滿普賢願 (성만보현원)
我當說彼行 (아당설피행)

於一微塵中 (어일미진중)
衆生若聞者 (중생약문자)
如於一微塵 (여어일미진)
世界悉入中 (세계실입중)
一一塵中有 (일일진중유)
趣刹皆無量 (취찰개무량)
一一塵中有 (일일진중유)

悉見諸世界 (실견제세계)
迷亂心發狂 (미란심발광)
一切塵亦然 (일체진역연)
如是不思議 (여시부사의)
十方三世法 (시방삼세법)
悉能分別知 (실능분별지)
無量種佛刹 (무량종불찰)

種種皆無量 (종종개무량)
法界中所有 (법계중소유)
趣類各差別 (취류각차별)
深入微細智 (심입미세지)
一切劫成壞 (일체겁성괴)
知諸劫修短 (지제겁수단)
衆行同不同 (중행동부동)

於一靡不知 (어일미부지)
種種諸異相 (종종제이상)
悉能分別知 (실능분별지)
分別諸世界 (분별제세계)
悉能明了說 (실능명료설)
三世卽一念 (삼세즉일념)
悉能分別知 (실능분별지)

十 시	具 구	一 일	廣 광	十 십	一 일	深 심
方 방	足 족	切 체	大 대	方 방	身 신	入 입
諸 제	甚 심	三 삼	無 무	中 중	無 무	諸 제
世 세	深 심	世 세	量 양	所 소	量 량	世 세
界 계	智 지	中 중	相 상	有 유	刹 찰	界 계
有 유	悉 실	無 무	一 일	異 이	一 일	廣 광
成 성	了 료	量 량	切 체	類 류	刹 찰	大 대
或 혹	彼 피	諸 제	悉 실	諸 제	無 무	非 비
有 유	成 성	國 국	能 능	世 세	量 량	廣 광
壞 괴	敗 패	土 토	知 지	界 계	身 신	大 대

如是不可說 여시불가설
或有諸國土 혹유제국토
諸趣亦復然 제취역부연
或有諸世界 혹유제세계
斯由衆生感 사유중생감
無量無邊剎 무량무변찰
如是入諸剎 여시입제찰

賢德悉深了 현덕실심료
種種地嚴飾 종종지엄식
斯由業清淨 사유업청정
無量種雜染 무량종잡염
一切如其行 일체여기행
了知卽一剎 요지즉일찰
其數不可知 기수불가지

一切諸世界 일체제세계
世界不爲一 세계불위일
世界有仰覆 세계유앙부
皆是衆生想 개시중생상
廣博諸世界 광박제세계
知種種是一 지종종시일
普賢諸佛子 보현제불자

悉入一刹中 실입일찰중
亦復無雜亂 역부무잡란
或高或復下 혹고혹부하
悉能分別知 실능분별지
無量無有邊 무량무유변
知一是種種 지일시종종
能以普賢智 능이보현지

사경의 공덕은 십만억 부처님께 공양한 것과 같은 공덕이 있습니다.

了知諸刹數
요지제찰수

知諸世界化
지제세계화

法化諸佛化
법화제불화

一切諸世界
일체제세계

種種異莊嚴
종종이장엄

無量諸佛子
무량제불자

神通力自在
신통력자재

其數無邊際
기수무변제

刹化衆生化
찰화중생화

一切皆究竟
일체개구경

微細廣大刹
미세광대찰

皆由業所起
개유업소기

善學入法界
선학입법계

普徧於十方
보변어시방

清 청	從 종	何 하	經 경	世 세	亦 역	衆 중
淨 정	於 어	況 황	於 어	界 계	不 부	生 생
無 무	法 법	最 최	無 무	及 급	能 능	數 수
礙 애	界 계	勝 승	量 량	如 여	令 령	等 등
念 념	生 생	智 지	劫 겁	來 래	盡 진	劫 겁
無 무	充 충	三 삼	說 설	種 종	唯 유	說 설
邊 변	滿 만	世 세	之 지	種 종	除 제	彼 피
無 무	如 여	諸 제	不 불	諸 제	佛 불	世 세
礙 애	來 래	佛 불	可 가	名 명	開 개	界 계
慧 혜	地 지	法 법	盡 진	號 호	示 시	名 명

사경의 공덕은 십만억 부처님께 공양한 것과 같은 공덕이 있습니다.

分別說法界 분별설법계
過去諸世界 과거제세계
修習所莊嚴 수습소장엄
其中人師子 기중인사자
成於等正覺 성어등정각
如是未來世 여시미래세
所有人中尊 소유인중존

得至於彼岸 득지어피안
廣大及微細 광대급미세
一念悉能知 일념실능지
修佛種種行 수불종종행
示現諸自在 시현제자재
次第無量劫 차제무량겁
菩薩悉能知 보살실능지

所有諸行願 소유제행원
如是勤修行 여시근수행
亦知彼衆會 역지피중회
以此諸法門 이차제법문
菩薩如是知 보살여시지
智慧悉明了 지혜실명료
現在世所攝 현재세소섭

所有諸境界 소유제경계
於中成正覺 어중성정각
壽命化衆生 수명화중생
爲衆轉法輪 위중전법륜
住普賢行地 주보현행지
出生一切佛 출생일체불
一切諸佛土 일체제불토

深入此諸刹 (심입차제찰)
彼諸世界中 (피제세계중)
於法得自在 (어법득자재)
亦知彼衆會 (역지피중회)
盡無量億劫 (진무량억겁)
調御世間尊 (조어세간존)
無盡智慧藏 (무진지혜장)

通達於法界 (통달어법계)
現在一切佛 (현재일체불)
言論無所礙 (언론무소애)
淨土應化力 (정토응화력)
常思惟是事 (상사유시사)
所有威神力 (소유위신력)
一切悉能知 (일체실능지)

世 세	世 세	善 선	智 지	最 최	無 무	出 출
間 간	化 화	學 학	慧 혜	勝 승	礙 애	生 생
種 종	調 조	一 일	徧 변	無 무	廣 광	無 무
種 종	伏 복	切 체	充 충	礙 애	長 장	礙 애
別 별	化 화	化 화	滿 만	心 심	舌 설	眼 안
皆 개	究 구	刹 찰	悉 실	廣 광	能 능	無 무
由 유	竟 경	化 화	知 지	大 대	令 령	礙 애
於 어	化 화	衆 중	三 삼	普 보	衆 중	耳 이
想 상	彼 피	生 생	世 세	淸 청	歡 환	鼻 비
住 주	岸 안	化 화	法 법	淨 정	喜 희	身 신

入佛方便智 (입불방편지)
衆會不可說 (중회불가설)
悉使見如來 (실사견여래)
諸佛甚深智 (제불심심지)
一切國土中 (일체국토중)
了達諸世間 (요달제세간)
衆生及世界 (중생급세계)

於此悉明了 (어차실명료)
一一爲現身 (일일위현신)
度脫無邊衆 (도탈무변중)
如日出世間 (여일출세간)
普現無休息 (보현무휴식)
假名無有實 (가명무유실)
如夢如光影 (여몽여광영)

於諸世間法 (어제세간법)
善離分別者 (선리분별자)
無量無數劫 (무량무수겁)
知念亦無念 (지념역무념)
無量諸國土 (무량제국토)
經於無量劫 (경어무량겁)
不可說諸劫 (불가설제겁)

不生分別見 (불생분별견)
亦不見分別 (역불견분별)
解之卽一念 (해지즉일념)
如是見世間 (여시견세간)
一念悉超越 (일념실초월)
不動於本處 (부동어본처)
卽是須臾頃 (즉시수유경)

莫見修與短 (막견수여단)
心住於世間 (심주어세간)
於此不妄起 (어차불망기)
衆生世界劫 (중생세계겁)
一切如幻化 (일체여환화)
普於十方刹 (보어시방찰)
知身從緣起 (지신종연기)

究竟刹那法 (구경찰나법)
世間住於心 (세간주어심)
二非二分別 (이비이분별)
諸佛及佛法 (제불급불법)
法界悉平等 (법계실평등)
示現無量身 (시현무량신)
究竟無所着 (구경무소착)

衆 중	成 성	如 여	如 여	了 요	不 불	依 의
生 생	就 취	是 시	響 향	知 지	着 착	於 어
刹 찰	普 보	隨 수	亦 역	諸 제	無 무	無 무
染 염	賢 현	順 순	如 여	世 세	二 이	二 이
着 착	智 지	入 입	夢 몽	間 간	法 법	智 지

一 일	普 보	諸 제	如 여	如 여	知 지	出 출
切 체	照 조	佛 불	幻 환	焰 염	無 무	現 현
皆 개	深 심	所 소	如 여	如 여	二 이	人 인
捨 사	法 법	行 행	變 변	光 광	非 비	師 사
離 리	界 계	處 처	化 화	影 영	二 이	子 자

而興大悲心 (이흥대비심)
菩薩常正念 (보살상정념)
淸淨如虛空 (청정여허공)
見世常迷倒 (견세상미도)
所行皆淸淨 (소행개청정)
諸佛及菩薩 (제불급보살)
若見其眞實 (약견기진실)

普淨諸世間 (보정제세간)
論師子妙法 (논사자묘법)
而興大方便 (이흥대방편)
發心咸救度 (발심함구도)
普徧諸法界 (보변제법계)
佛法世間法 (불법세간법)
一切無差別 (일체무차별)

知 지	湛 담	如 여	法 법	譬 비	雖 수	如 여
身 신	然 연	是 시	身 신	如 여	在 재	來 래
無 무	如 여	離 리	徧 변	清 청	於 어	法 법
有 유	虛 허	染 염	世 세	淨 정	世 세	身 신
盡 진	空 공	着 착	間 간	水 수	間 간	藏 장

無 무	一 일	身 신	當 당	影 영	於 어	普 보
生 생	切 체	世 세	知 지	像 상	世 세	入 입
亦 역	無 무	皆 개	亦 역	無 무	無 무	世 세
無 무	有 유	清 청	如 여	來 래	所 소	間 간
滅 멸	生 생	淨 정	是 시	去 거	着 착	中 중

於 어	幻 환	其 기	譬 비	法 법	除 제	非 비
彼 피	性 성	來 래	如 여	性 성	滅 멸	常 상
大 대	非 비	無 무	工 공	無 무	諸 제	非 비
衆 중	有 유	所 소	幻 환	來 래	邪 사	無 무
中 중	量 량	從 종	師 사	去 거	見 견	常 상
示 시	亦 역	去 거	示 시	不 불	開 개	示 시
現 현	復 부	亦 역	現 현	着 착	示 시	現 현
量 량	非 비	無 무	種 종	我 아	於 어	諸 제
無 무	無 무	所 소	種 종	我 아	正 정	世 세
量 량	量 량	至 지	事 사	所 소	見 견	間 간

以此寂定心 이차적정심
出生一切佛 출생일체불
有量及無量 유량급무량
了達一切趣 요달일체취
諸佛甚深法 제불심심법
甚深無量智 심심무량지
菩薩離迷倒 보살리미도

修習諸善根 수습제선근
非量非無量 비량비무량
皆悉是妄想 개실시망상
不着量無量 불착량무량
廣大深寂滅 광대심적멸
知甚深諸趣 지심심제취
心淨常相續 심정상상속

普 보	法 법	如 여	不 부	如 여	未 미	巧 교
雨 우	數 수	是 시	住 주	是 시	安 안	以 이
於 어	衆 중	徧 변	於 어	徧 변	者 자	神 신
法 법	生 생	世 세	實 실	法 법	令 령	通 통
雨 우	數 수	間 간	際 제	界 계	安 안	力 력

充 충	了 요	開 개	不 불	其 기	安 안	度 도
洽 흡	知 지	悟 오	入 입	心 심	者 자	無 무
諸 제	而 이	諸 제	於 어	無 무	示 시	量 량
世 세	不 불	群 군	涅 열	所 소	道 도	衆 중
間 간	着 착	生 생	槃 반	着 착	場 량	生 생

普於諸世界 (보어제세계)
而修菩薩行 (이수보살행)
世間種種身 (세간종종신)
如是知身法 (여시지신법)
普知諸衆生 (보지제중생)
十方無涯際 (시방무애제)
衆生身無量 (중생신무량)

念念成正覺 (염념성정각)
未曾有退轉 (미증유퇴전)
一切悉了知 (일체실료지)
則得諸佛身 (즉득제불신)
諸劫及諸刹 (제겁급제찰)
智海無不入 (지해무불입)
一一爲現身 (일일위현신)

佛身無有邊 불신무유변
一念之所知 일념지소지
經於無量劫 경어무량겁
諸佛能現身 제불능현신
一念中無量 일념중무량
如是未來世 여시미래세
無量菩提心 무량보리심

智者悉觀見 지자실관견
出現諸如來 출현제여래
稱揚不可盡 칭양불가진
處處般涅槃 처처반열반
舍利各差別 사리각차별
有求於佛果 유구어불과
決定智悉知 결정지실지

如是三世中 (여시삼세중)
一切悉能知 (일체실능지)
如是分別知 (여시분별지)
入於智慧處 (입어지혜처)
微妙廣大智 (미묘광대지)
入已不退轉 (입이불퇴전)
一切最勝尊 (일체최승존)

所有諸如來 (소유제여래)
名住普賢行 (명주보현행)
無量諸行地 (무량제행지)
其輪不退轉 (기륜불퇴전)
深入如來境 (심입여래경)
說名普賢慧 (설명보현혜)
普入佛境界 (보입불경계)

修行不退轉 (수행불퇴전)
無量無邊心 (무량무변심)
皆由想積集 (개유상적집)
染汙非染汙 (염오비염오)
不可說諸心 (불가설제심)
了知非一二 (요지비일이)
亦復無雜亂 (역부무잡란)

得無上菩提 (득무상보리)
各各差別業 (각각차별업)
平等悉了知 (평등실료지)
學心無學心 (학심무학심)
念念中悉知 (염념중실지)
非染亦非淨 (비염역비정)
皆從自想起 (개종자상기)

如是悉明見 (여시실명견)
心想各不同 (심상각부동)
以如是方便 (이여시방편)
從佛法化生 (종불법화생)
衆生皆妄起 (중생개망기)
由是或生天 (유시혹생천)
菩薩觀世間 (보살관세간)

一切諸衆生 (일체제중생)
起種種世間 (기종종세간)
修諸最勝行 (수제최승행)
得名爲普賢 (득명위보현)
善惡諸趣想 (선악제취상)
或復墮地獄 (혹부타지옥)
妄想業所起 (망상업소기)

妄想無邊故 (망상무변고)
一切諸國土 (일체제국토)
幻網方便故 (환망방편고)
眼耳鼻舌身 (안이비설신)
世間想別異 (세간상별이)
一一眼境界 (일일안경계)
種種性差別 (종종성차별)

世間亦無量 (세간역무량)
想網之所現 (상망지소현)
一念悉能入 (일념실능입)
意根亦如是 (의근역여시)
平等皆能入 (평등개능입)
無量眼皆入 (무량안개입)
無量不可說 (무량불가설)

所見無差別 소견무차별
各隨於自業 각수어자업
普賢力無量 보현력무량
一切眼境界 일체안경계
如是諸世間 여시제세간
而修一切行 이수일체행
佛說衆生說 불설중생설

亦復無雜亂 역부무잡란
受用其果報 수용기과보
悉知彼一切 실지피일체
大智悉能入 대지실능입
悉能分別知 실능분별지
亦復無退轉 역부무퇴전
及以國土說 급이국토설

三世如是說
삼세여시설

過去中未來
과거중미래

三世互相見
삼세호상견

如是無量種
여시무량종

一切智方便
일체지방편

種種悉了知
종종실료지

未來中現在
미래중현재

一一皆明了
일일개명료

開悟諸世間
개오제세간

邊際不可得
변제불가득

發 願 文

귀의 삼보하옵고
거룩하신 부처님께 발원하옵나이다.

주　소 : ______________________________

전　화 : ______________ 불 명 : ______ 성 명 : ______

불기 25 ______ 년 ______ 월 ______ 일